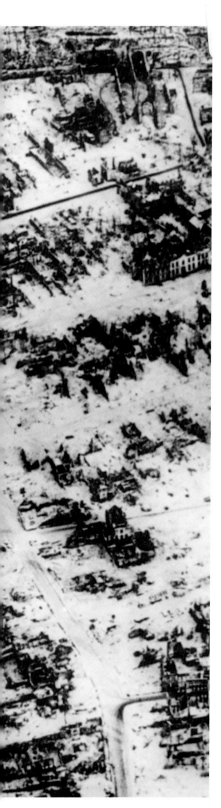

IEPER

In 1918 bleef er van het oude Ieper slechts een puinhoop over. Na vier jaren oorlog stond er bijna geen muur meer recht en een man te paard kon onbelemmerd over de stad heen kijken. Maar, de inwoners kwamen terug, vonden waar hun huizen en belangrijke gebouwen hadden gestaan en begonnen met onverschrokken moed aan de heropbouw van hun stad. Ieper herrees als een feniks uit zijn as.

Eeuwenlang al was Vlaanderen het slagveld van Europa; de wrede veldslagen van de Eerste Wereldoorlog zouden noch de eerste noch de laatste zijn. In een tijdspanne van 2000 jaar kende de stad veel verschillende meesters.

Historisch verleden

58-50 v.C.: de Belgae overwonnen door de Romeinen.

3de en 4de eeuw n.C.: Vlaanderen veroverd door de Franken.

9de eeuw: Vlaanderen overvallen door de Vikings.

10de-13de eeuw: Groei van de semi-onafhankelijke stadstaten in de Lage Landen.

1260: Ieper telt ongeveer 40.000 inwoners. Ter vergelijking: de gekende Engelse stad Oxford had toen 4.200 inwoners.

1302: De gilden krijgen medezeggenschap in het stadsbestuur.

1383: Beleg van Ieper door de Engelsen en hun Gentse bondgenoten.

1384: De Lage Landen komen onder het gezag van de Bourgondiërs.

1477: De Habsburgers nemen de leiding over de Lage Landen.

1555: Spaanse onderdrukking heerst over Vlaanderen en de Nederlanden.

1579: De Nederlanden worden onafhankelijk, Vlaanderen blijft onder de Spanjaarden.

1701: Spaanse Successieoorlog. Frankrijk valt Vlaanderen binnen.

1713: Verdrag van Utrecht; Vlaanderen komt onder het Oostenrijkse Habsburgse Rijk.

1740-48: Oostenrijkse Successieoorlog; Vlaanderen bezet door Frankrijk.

1792: Invasie door de Fransen en aanhechting van de Nederlanden in 1794.

1815-1830: Na de nederlaag van Napoleon omvat het Koninkrijk der Nederlanden België.

1831: België wordt een onafhankelijk koninkrijk.

1914-18: België, met uitzondering van de Ieperboog, bezet door Duitsland.

1940-45: België bezet door Duitsland.

1940–45: Belgium occupied by Germany.

LINKS: *Gezicht naar het oosten toe op het verwoeste Ieper na de Eerste Wereldoorlog. De open ruimte van de Grote Markt is duidelijk zichtbaar in het midden met daaronder de ruïne van de Lakenhalle en links de overblijfselen van de kathedraal. De Menenpoort staat nu bovenaan in het midden van deze historische foto.*

BOVEN: *Dit gezicht op Ieper in 1567 wordt bewaard in het Stedelijk Museum en geeft duidelijk weer hoe getrouw het oude plan van de stad bewaard bleef in het nieuwe.*

RECHTS: *Precies zoals 700 jaar geleden rijst de Belforttoren van de Lakenhalle boven de trapgevels van het Vleeshuis.*

Waar beter dan op de Grote Markt kan het roemrijke verleden van Ieper als commercieel centrum in de middeleeuwen aangevoeld worden. De goede zeeverbinding langs rivier en kanaal zorgde voor de rijke lakennijverheid die een snelle groei van de stad verzekerde. Bij het begin van de 12de eeuw telde de stad reeds 20.000 inwoners. Zestig jaar later rees de bevolking tot 40.000 – meer dan nu.

De gilden beslisten dat er een stenen verkoopsruimte, passend als symbool van hun macht, nodig was – en zo werd gestart aan de bouw van de Lakenhalle. Indrukwekkend voor de hedendaagse toeschouwer, maar een ware krachttoer voor de middeleeuwen. De eerste steen van het Belfort werd rond 1200 gelegd door Boudewijn IX, Graaf van Vlaanderen en Keizer van Constantinopel; pas honderd jaar later zou het werk af zijn. De benedenverdieping was de verkoopplaats, de indrukwekkende overwelving ondersteunde de opslagplaats op de eerste verdieping.

Nu bevinden zich hier het In Flanders Fields Museum, waar de herinnering aan de Eerste Wereldoorlog in leven wordt gehouden, en een schitterende concertzaal. De Belforttoren is 70 m hoog en van hieruit worden de uren geslagen door de beiaard die 49 klokken telt.

Aan de oostvleugel van de Lakenhalle staat het "Nieuwerck", gebouwd in de renaissancestijl, waar zich nu de kantoren van de burgemeester, wethouders en gemeentesecretaris bevinden. Onder de gaanderij werden tijdens de wederopbouw de gerecupereerde "eerste stenen" van het gebouw in de muur geplaatst. Boven het gotisch kerkraam is een medaillon met het wapen van Filips IV, de regerende Spaanse vorst toen het gebouw aan de Lakenhalle werd toegevoegd.

In 1383 werd de stad tijdens de Honderdjarige Oorlog belegerd door de Engelsen en hun Gentse bondgenoten. De buitenwijken van de stad werden vernietigd maar dank zij de gebeden aan O.-L.-Vrouw van Thuyne werd de stad gevrijwaard en werd zij de beschermheilige. De bevoorrading van Engelse wol, grondstof van het Ieperse laken, werd door de vijandelijkheden uiterst moeilijk en de stad verviel. Vluchtelingen verlieten de stad en trokken naar het oosten van Engeland om daar in de wolindustrie werk te vinden.

Het was onder de Fransen dat Ieper een militaire vesting werd. De Bourgondiërs, die toen nog onafhankelijk waren van Frankrijk, versterkten de stad al in de 14de eeuw. De omliggende wallen en grachten in stervormig ontwerp zijn het werk van de belangrijke Franse militaire architekt Vauban.

BOVEN: *Op het dak van de Lakenhalle houdt een vergulde stadsnar een kat vast. Elk derde jaar wordt in mei het kattefeest gehouden.*

LINKS: *Binnenin de Lakenhalle is de prestatie van de middeleeuwse bouwkunst goed te zien. In de koninklijke zaal is het dak met massieve houten balken duidelijk te zien.*

BOVEN: *De raadszaal van de Lakenhalle wordt overheerst door het brandglasraam dat de helden en de geschiedenis van Ieper voorstelt. Dit detail vertoont de patroonheilige St. Maarten die zijn mantel deelt met een bedelaar.*

De Eerste Wereldoorlog

BOVEN: *De weg naar het front. Nu overheerst de Menenpoort dit zicht. Op de foto van 1917 zijn slechts een paar stukgeschoten bomen en ruïnes van gebouwen te zien.*

RECHTSBOVEN: *Het gedenkteken voor de 5de Australische Sectie bovenop de oude geschuthoogte in Polygon Wood, de plaats waar hevig gevochten werd in de herfst van 1914.*

Vlaanderen is een vlak land. Ten noorden van Ieper helt het langs velden en weiden, doorsneden door kanalen en rivieren, naar de zee toe. Maar ten zuiden van de stad verrijzen de "heuvels" van Vlaanderen; ze zijn niet echt indrukwekkend met hun 150 meter hoogte, maar wel uiterst geschikte uitkijkposten vanwaar het mogelijk was de kanaalhavens te controleren. Een hoogtekam loopt in oostelijke richting naar Mesen en draait dan naar het noorden toe en verliest gestadig in hoogte. Toch blijft dit nog een belangrijke glooiing zoals gemerkt kan worden bij de tocht van Zonnebeke naar Passendale. In het midden van de boog ligt Ieper, omringd door hoogten.

Half oktober 1914 bezette het Brits leger de stad Ieper, niets vermoedend van de sterkte van het Duits leger dat naar haar toe trok. Het plan was de Duitsers te omsingelen en het Brits leger maakte zich gereed voor de opmars. De Britten werden echter snel geconfronteerd met het Duits leger dat een doorbraak naar het Kanaal wilde forceren.

De Britse verdediging in het noorden bij Langemark was licht, maar de

aanval lende Duitse troepen waren slec uitgerust voor hun taak. Het ging hi om het Reservekorps van Vrijwillige dat bestond uit jonge studenten. Barster van patriottisme trokken ze naar vore arm in arm en luid zingend ter ere v. de Keizer, tot ze tegenover het moorder vuur van de geharde beroepssoldate kwamen te staan. 1.500 werden gedoc en 600 gevangen genomen.

Het was in Polygon Wood dat verandering in de strijd kwam. De Duit troepen stootten door het zwaar bebos terrein en dreigden de Britse verbindinge met de frontlijn in Geluveld te verbreke De Britten stuurden hun schaarse reserv de strijd in, zelfs ruiters te voet trokken h dichte bos in. Het werd een echt bloedba er was geen frontlijn, enkel groepe Duitsers en Britten die tussen de bom voortsukkelden. Ze konden bijna nie zien en schoten maar in het wilde we Het woud werd heroverd met de bajone De Britse soldaten riepen en juichten bij aanval om hun eigen makkers te herkenne

Tegen 31 oktober bestond het Brit leger nog slechts uit een geïmproviseer verzameling van eenheden, verster met koks, stalknechten en administrat

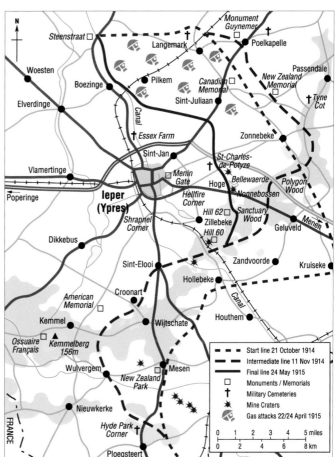

Start line 21 October 1914
Intermediate line 11 Nov 1914
Final line 24 May 1915
□ Monuments / Memorials
† Military Cemeteries
✳ Mine Craters
Gas attacks 22/24 April 1915

0 1 2 3 4 5 miles
0 2 4 6 8 km

ersoneel. Het Duits leger was klaar om de enadeslag te leveren. Het nam Geluveld in, let geweldige verliezen langs beide zijden, laar werd al snel weer teruggedrongen oor een radeloze tegenaanval van de ritten in Polygon Wood.

Verder in het zuiden viel de Duitse furie e Mesen-hoogtekam aan waar Franse en ritse troepen zich inspanden om de linie verdedigen. Alhoewel ze tot Wijtschate eruggedreven werden, hield de frontlijn och stand. Tijdens dit gevecht verdiende en Duitse korporaal het IJzeren Kruis oor een gewonde Duitse officier onder ervuur te redden – deze korporaal was dolf Hitler.

Op 11 november zette de Duitse le-croverheid weer een verwoede aanval op de linies van de geallieerden dwars ver de Meensestraat en in de richting an Ploegsteert-bos en Nonnenbossen. loegsteert werd behouden, Nonnenbossen iel. Met een handvol manschappen hield rigade-generaal Fritz Clarence vol tot hij et een bajonetcharge de Duitsers uit het os verdreef, de linie herstelde en Ieper edde. Met de komst van de winter en nafgebroken regen kwam de Eerste Slag ij Ieper tot een moeizaam einde.

BOVEN: *De frontlijn tijdens de Eerste en Tweede Slag bij Ieper.*

LINKS: *Ten noorden van Langemark staan zware kruisen op de begraafplaats van meer dan 25.000 Duitse soldaten.*

Op 22 april 1915 slaagden de Duitsers erin om de Fransen met chloorgas uit het noordelijk gebied tussen Steenstraat aan de vaart en Poelkapelle te verdrijven. De oudere soldaten van de reserveregimenten waren hier niet op voorbereid en sloegen op de vlucht... De Duitsers rukten voorzichtig op en namen Pilkem nog die avond in. In het daglicht werd het duidelijk welk overwicht zij die dag hadden gehad, een vastberaden aanval had hen de stad Ieper opgeleverd.

Met behulp van de Britse reservisten namen de Canadezen de tegenaanval op en slaagden erin hun linie uit te breiden en de bres te sluiten. Maar, op 24 april kwam er een tweede gasaanval tussen St. Juliaan en Passendale. De Canadezen maakten geïmproviseerde gasmaskers uit natte zakdoeken en vochten verder. Eens te meer bleef het front ondoorbroken. In het noorden viel zo veel van de Ieperboog in Duitse handen dat de geallieerden op 2 mei naar sterkere verdedigingspunten terugtrokken, dichter naar Ieper toe.

BOVEN: *De Duitse strijdmacht was goed voorzien tegen gasaanvallen; zelfs de paarden hadden gasmaskers.*

RECHTS: *De Franse begraafplaats St. Charles de Potyze. Zowel Christenen als Mohammedanen gaven hun leven.*

VER RECHTS: *In Poelkapelle ligt het jongste slachtoffer begraven.*

THIS·COLUMN·MARKS·THE BATTLEFIELD·WHERE·18.000 CANADIANS·ON·THE·BRITISH LEFT·WITHSTOOD·THE·FIRST GERMAN·GAS·ATTACKS·THE 22–24 APRIL 1915·2.000·FELL AND·LIE·BURIED·NEARBY

Heuvel 60

Alhoewel bepaalde belangrijke veld-slagen het verloop van de oorlog rond Ieper aangeven, werd er onafgebroken gevochten langsheen het front. Er werd voortdurend gevochten om Hill 60. Eigenlijk gaat het hier om een berg ge-vormd door de aarde opgegraven bij het aanleggen van de nabij-gelegen spoor-weg. De berg werd op 10 december 1914 door de Duitsers ingenomen. Ze ver-dreven de Fransen en konden van hieruit alles zien wat in Ieper en in oos-telijke en zuidelijke richting van de stad gebeurde. Het terugwinnen van Heuvel 60 was van uiterst belang. Drie onderaardse gangen werden gegraven en op 17 april 1915 ontploften dieptemijnen onder de Duitse stellingen. De zware gevechten die hier-op volgden, lieten slechts modder, lijken en granaattrechters achter... maar de Britten hielden vol.

In mei werd gas gebruikt en de verdedigers moesten noodgedwongen de heuvel aan de Duitsers overlaten. Heuvel 60 bleef in Duitse handen tot juni 1917 toen zij op hun beurt gedwongen werden terug te trekken. Weer volgde er een tegenaanval en werd de heuvel voor de derde keer door de Duitsers ingenomen om hem uiteindelijk in september 1918 voorgoed te verliezen.

BOVEN, LINKS EN RECHTS: *Het Sanctuary Wood-museum, bij Hill 62, waar loopgraven, onveranderd sedert het einde van de oorlog, bewaard bleven. Men kan er wagens, wapens, munitie, zelfs beenderen en ook veel foto's zien.*

In 1917 zagen de geallieerden zich geconfronteerd met twee grote problemen: muiterij in het Franse leger omdat de soldaten onder te veel druk stonden en Duitse duikboten die waarschijn-lijk vanuit Belgische havens manoeuvreerden en een groot gevaar vormden voor Britse schepen. De oplossing lag in een doorbraak in Vlaanderen.

De Duitsers hielden sedert 1915 de heuvels in Mesen. Onder het bevel van Generaal Plumer werd gebruik gemaakt van het intensieve tunnelnet dat reeds twee jaar eerder gegraven werd, om 21 diepte-mijnen te leggen. De schachten werden 15 tot 40 meter diep gegraven door aardlagen die geschikt waren om onderaardse gangen te graven. De langste tunnel was bijna twee kilometer lang.

De Mesen-hoogtekam werd van 26 mei tot 6 juni gebombardeerd en op 7 juni ontploften om 3u10 negentien mijnen. Het resultaat was verbijsterend. In Rijsel werd het alarm geslagen voor de Duitse troepen en zelfs in Londen werd de schok gevoeld. Het offensief was begonnen en het spervuur van de Nieuwzeelanders en Austra-liërs werd te veel voor de nog versufte verdedigers. De hoogtekam viel weer in de handen van de geallieerden op 14 juni.

In het noorden van de Ieperboog woedde een harde strijd. De naam Passendale roept zelfs nu nog een beeld op van heldendaden, dood en verwoesting.

Wanneer we nu in Passendale staan kunnen we nog zien hoe de hoogte van de heuvelkam van zo'n belang moet geweest zijn. De omliggende velden die een niet al te goed afwateringssysteem hebben, zijn ook nu nog modderig. Op 4 oktober was Zonnebeke in het zuiden en Poelkapelle in het noorden in handen van de geallieerden. Het kostte een zware prijs. Op 17 augustus keek Edwin Vaughan, een negentienjarige luitenant, in de richting van de Duitse linie in Langemark en zag "... een droef landschap van modder en water, geen enkel teken van beschaving, slechts granaattrechters en bergjes aarde achter de Duitse linie. En overal lijken... Engelse en Duitse, in alle mogelijke posities en alle fases van bederf."

Op 4 oktober begon het 's middags te regenen. Het regende een maand lang.

Veldmaarschalk Haig, opperbevelhebber, moest zich niet alleen om de situatie van Ieper bekommeren; ook het Franse leger kende problemen. De Duitsers moesten aan het lijntje gehouden worden rond Ieper.

Op 12 oktober begon het gevecht opnieuw. De artillerie zat achteraan vast in de modder en de Nieuwzeelanders en Australiërs moesten optrekken zonder besch-

BOVEN EN RECHTS:
Het Tyne Cot kerkhof is het grootste van het Britse Gemenebest in de wereld. 11.956 gesneuvelden uit vele landen en van verschillende gezind-heden liggen hier begraven en de namen van 34.957 vermisten werden op de muur gegraveerd.

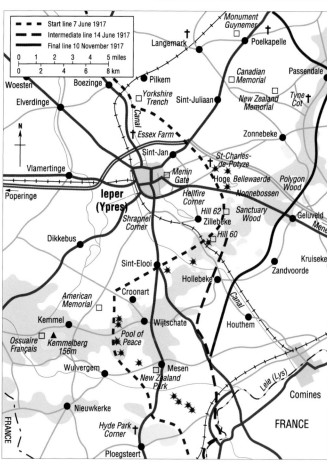

BOVEN: *De gemeenschappelijke vijand: modder. Omdat het onmogelijk was het geschut in Passendale naar de aanvalslinie te vervoeren, viel er een gruwelijk aantal slachtoffers.*

RECHTSBOVEN: *De frontlijnen van de Derde Slag bij Ieper zijn aangeduid en sommige mijnkraters zijn te zien.*

ermend spervuur. De opmars moest door een 27 meter diepe muur van prikkeldraad onder vuur van Duitse machinegeweren. De verliezen tijdens de volgende twee dagen waren gruwelijk. Op 26 oktober kwamen de Canadezen aan de beurt om nog een 45 meter naar voren te sukkelen en op 30 oktober moesten ze weer verder. Het was pas op 6 november 1917 dat de laatste 450 meter overschreden werden en Passendale ingenomen werd door de 2de Canadese divisie en de 6de Brigade.

1918: De slag bij Kemmel

In april 1918 voerden de Duitsers een massale aanval uit in het zuiden tussen Armentieres en Bêthune, ten oosten van de Leie. Op de eerste dag overmeesterden ze 5 kilometer en dreven de Britten en Portugezen terug. Tegen het einde van de maand hadden ze de Fransen van de Kemmelberg verdreven en het front in het noorden tot Zillebeke en Pilkem teruggeduwd. Maar

hier waren de Duitse manschappen uitgeput en kwam er een einde aan de opmars.

1918: De Vierde Slag bij Ieper

Het tij begon te keren voor Duitsland. De eerste Amerikaanse troepen onder Generaal Pershing kwamen in Frankrijk aan. In Vlaanderen begon in september het laatste grote offensief door de geallieerden. Op de eerste dag veroverden de Belgische, Franse en Britse troepen meer land dan gedurende vier maanden over hetzelfde terrein tijdens de Derde Slag bij Ieper. Er was geen tegenhouden meer aan. De Britse en Franse opmars ging zo snel vooruit dat ze zelfs hun voorraadlinies achter zich lieten. Voor de tweede keer in de geschiedenis moest bevoorrading vanuit de lucht gebeuren!

Op 14 oktober viel de laatste granaat op Ieper. Twee dagen later werd Menen door de Britten bezet. De oorlog bij Ieper had aan beide kanten meer dan 1.700.000 slachtoffers gekost bij de soldaten en een ontelbaar aantal burgers.

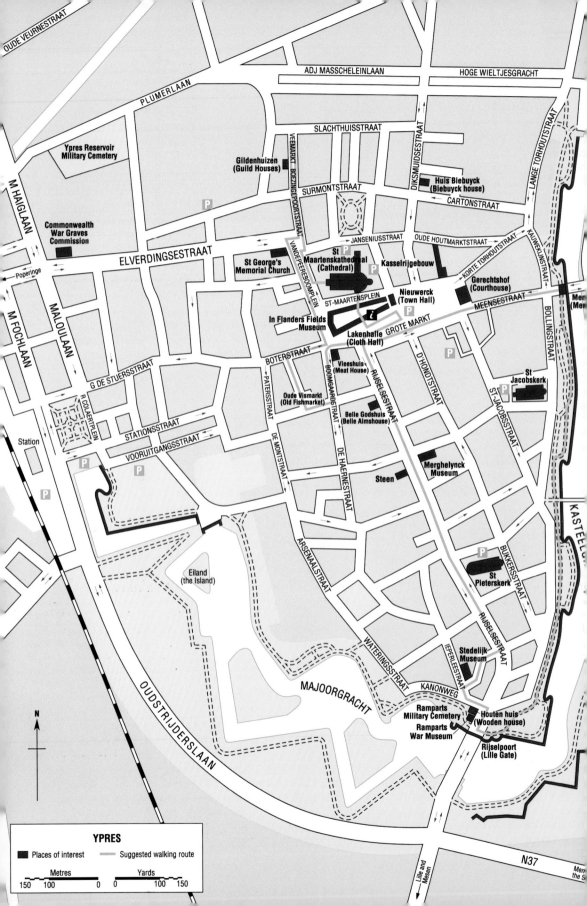

OUDE VEURNESTRAAT

ADJ MASSCHELEINLAAN

HOGE WIELTJESGRACHT

PLUMERLAAN

SLACHTHUISSTRAAT

Ypres Reservoir
Military Cemetery

Gildenhuizen
(Guild Houses)

SURMONTSTRAAT

DIKSMUIDSESTRAAT

Huis Biebuyck
(Biebuyck house)

CARTONSTRAAT

JANSENIUSSTRAAT

OUDE HOUTMARKTSTRAAT

KORTE TORHOUTSTRAAT

LANGE TORHOUTSTRAAT

KAUWEKIJNSTRAAT

Commonwealth
War Graves
Commission

P

ELVERDINGSESTRAAT

St George's
Memorial Church

St
Maartenskathedraal
(Cathedral)

Kasselrijgebouw

P

Gerechtshof
(Courthouse)

Poperinge

VEEMARKT

BOEZINGEPOORTSTRAAT

VANDEPEERESBOOMPLEIN

ST-MAARTENSPLEIN

Nieuwerck
(Town Hall)

MEENSESTRAAT

Mer
(Men

M HAIGLAAN

M FOCHLAAN

MALOULAAN

In Flanders Fields
Museum

i

Lakenhalle
(Cloth Hall)

GROTE MARKT

BOLLINGSTRAAT

G DE STUERSSTRAAT

BOTERSTRAAT

Vleeshuis
(Meat House)

D HONDTSTRAAT

St
Jacobskerk

R COLAERTPLEIN

PATERSTRAAT

BOOMGAARDSTRAAT

Oude Vismarkt
(Old Fishmarket)

RIJSELSESTRAAT

ST-JACOBSSTRAAT

Station

STATIONSSTRAAT

VOORUITGANGSSTRAAT

DE MONTSTRAAT

Belle Godshuis
(Belle Almshouse)

P

P

P

Steen

Merghelynck
Museum

P

DE HAERNESTRAAT

Eiland
(the Island)

ARSENAALSTRAAT

BUKKERSSTRAAT

P

St
Pieterskerk

RIJSELSESTRAAT

KASTEELL

OUDSTRIJDERSLAAN

WATERINGSSTRAAT

MAJOORGRACHT

KANONWEG

IEPERLEESTRAAT

Stedelijk
Museum

N

Ramparts
Military Cemetery

Ramparts
War Museum

Houten huis
(Wooden house)

Rijselpoort
(Lille Gate)

Lille and
Mesen

N37

Men
the S

YPRES

■ Places of interest

Suggested walking route

Metres

Yards

150   100   0

0   100   150

Ieper

Er is betaald parkeren op en rond de Grote Markt van 9 tot 18 uur, beperkt tot één of drie uren. Gratis parkeren kan in het noorden en het westen van de stad. Op zaterdag is er markt op de Grote Markt, en is parkeren verboden van middernacht tot 13 uur.

Een wandeling is aangeduid op de plattegrond en onze tekst is ongeveer volgens diezelfde route opgesteld. Meer informatie kunt u bekomen bij de Dienst voor Toerisme in de Lakenhalle.

De Ieperboog

Voor een bezoek aan de sites van de Eerste Wereldoorlog in de Ieperboog kunnen autobestuurders de bewegwijzerde In Flanders Fieldsroute volgen (in het Streekbezoekerscentrum zijn verscheidene wegenkaarten beschikbaar). Naast wapens, uniformen, foto's en een uitstekende verzameling 3D-beelden zijn in het museum Sanctuary Wood intact gebleven loopgraven te zien die dateren van het einde van de oorlog. Yorkshire Trench is een gerestaureerde Britse verbindingsloopgraaf aan de overkant van het kanaal, in de buurt van de Dressing Station bunker bij Essex Farm Cemetery waar John McCrae in 1915 diende en hij zijn beroemde gedicht "In Flanders Fields" schreef.

Hill 60 is een onaangeroerd landschap dat is gevormd door de aarde die werd uitgegraven voor het tracé van de spoorweg die vóór de oorlog werd aangelegd. Op deze site is wellicht de eerste mijn van de oorlog tot ontploffing gebracht. Aan de andere kant van het tracé kunt u de Caterpillar Krater bezoeken. Het museum Hooge Crater 14-18 bezit een mooie verzameling artefacten en levensgrote oorlogstaferelen en heeft ter plaatse ook een gezellig café. Iets verderop kunt u voor een spotprijsje de kraters en bunkers bezoeken die zich op de terreinen van het Hotel Kasteelhof 't Hooghe bevinden.

In Wijtschate, net buiten Ieper, kunt u in het Bayernwald (de Britten kennen het als Croonaert Wood) een uitstekend bewaard Duits loopgravenstelsel en een reeks bunkers zien. Het Memorial Museum Passchendaele 1917 in Zonnebeke ligt vlakbij Tyne Cot Cemetery. Het bevat een uitstekende reconstructie van een dug-out, een ondergrondse militaire schuilplaats en is daarom alleen al een bezoek meer dan waard.

In Flanders Fields Museum

In dit museum duikt de bezoeker terug in tijd naar de Eerste Wereldoorlog. Door middel van documentaires, een expositie in beeld en geluid, interactieve kiosken en vele oorspronkelijke documenten krijgt men een indruk hoe het vredige handelsstadje Ieper werd vernietigd, en hoe het na de oorlog weer verrees uit de ruïnes.

De Oorlogsgravencommissie van het Britse Gemenebest

Het Noordeuropese hoofdkantoor is op de Elverdingsestraat 82 (*zie plattegrond*) en hier kan men informatie bekomen over elk graf of gedenkteken. Tijdens het weekeinde gesloten.

BOVEN: *De Spanbroekmolentrechter, krater van de grootste Britse mijn. Op 7 juni 1917 ontplofte 41.000 kg munitie.*

Het In Flanders Fields Museum in de Lakenhalle, geopend in 1998.

Talbot House, Poperinge

Aan het marktplein in Poperinge ligt het smalle Gasthuisstraatje. Van december 1915 tot het einde van de oorlog was nummer 43, Talbot House, een haven van rust. Hier vonden de soldaten, zonder onderscheid van rang of stand, een tehuis waar onder de leiding van een geestelijke, Philip "Tubby" Clayton, de gruwelijkheden van de oorlog voor een korte tijd vergeten konden worden. Tubby was de ideale man voor de job. Hij zorgde ervoor dat iedereen er zich thuis voelde, had een goede stem om luchthartige liedjes mee te zingen en wist asociaal gedrag op te vangen. Bordjes met boodschappen zoals "als je gewoon bent thuis op de vloer te spuwen, voel je vrij het hier ook te doen" hadden het verlangde resultaat.

LINKSBOVEN: *Philip 'Tubby' Clayton.*

RECHTSBOVEN: *Talbot House bood een christelijk welkom aan iedereen.*

BOVEN: *De kamer boven, een aandoenlijke maar menselijke kapel. Men voelt niet dat het nodig is om te fluisteren.*

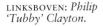

In de kantine op het gelijkvloers zorgde een piano voor de nodige ambiance en zang, terwijl op de bovenverdieping de schaakstukken en biljartballen hielpen om de pijn van de oorlog te verzachten. De hopschuur naast de tuin diende als concerthal, waar de dagelijkse miserie even werd vergeten aan de hand van films, theater of muziek. Op de zolder, die bekend stond als de "Upper Room", werd een vredige kapel ingericht met een oude timmermanswerkbank als altaar. Talbot House is vernoemd naar Gilbert Talbot, die in juli 1915 is gesneuveld. De huiselijke en vriendelijke sfeer van "Toc-H", de wereldwijde Toc H-beweging geboren.

RIGHT: *Ypres' most famous bishop, Cornelius Jansen, author of the* Jansenian Heresy.

LINKS- EN RECHTSBOVEN: *Het schip van de kathedraal zoals het nu is en in 1915 was.*

MIDDEN LINKS: *Bijna ieder voorwerp in St. George's werd gegeven ter herinnering aan een persoon of regiment.*

LINKSONDER: *De zeemotieven op de herenhuizen op de Veemarkt herinneren aan Ieper als havenstad in het verleden. Na het overwelven van de Ieperlee werd dit een veemarkt, de bindstaven staan er nog.*

De 100 meter hoge toren van de Sint-Maartenskathedraal tekent zich samen met de Belforttoren duidelijk af tegen de horizon van Ieper. In 1221 werd, ten oosten van de rivier waarlangs de schepen uit Engeland aankwamen, aan het werk van dit prachtig gotische gebouw begonnen.

Cornelius Jansen, gekend als Jansenius, was vanaf 1635 bisschop van Ieper. In zijn werk "Augustinus" schreef hij over de predestinatie en verklaarde dat de mens zich zou moeten neerleggen bij zijn voorbestemd lot. De publikatie van het boek gebeurde pas 2 jaar na zijn dood in 1638 en werd veroordeeld door het Vaticaan. Toch kende zijn leer vooral in Frankrijk veel aanhang; de beweging werd gekend als het Jansenisme. Als afvallige kreeg de bisschop geen praalgraf in zijn eigen kathedraal maar de plaats waar hij begraven werd,

is nu onopvallend aangeduid in een der vloertegeltjes in het koor.

Meer opvallend is de nieuwe grafplaat die in 1973 opgedragen werd aan de "Leeuw van Vlaanderen". Deze naam werd gegeven aan Robrecht van Bethune (1247-1322), de 22ste graaf van Vlaanderen, die in Ieper overleed. Het grootste deel van zijn leven was toegewijd aan het verzet tegen de Fransen.

Dichtbij de kathedraal staat de herinneringskerk St. George's Memorial Church op grond die door de stad Ieper afgestaan werd. Het is een blijvende herinnering aan de gesneuvelden van de Eerste Wereldoorlog.

Sindsdien werd Vlaanderen het strijdtoneel van een andere oorlog. De Britse soldaten en troepen van het Britse Gemenebest die naar Duinkerke terug-trokken en bij de bevrijding in september 1944 terugkwamen, worden ook in deze kerk herdacht.

De Meensepoort

Tijdens de middeleeuwen werd de oostkant van Ieper verdedigd door vestingconstructies waarin de Hangoartpoorte toegang bood tot de Meensestraat. In 1914 was er slechts een opening waarlangs de soldaten naar de frontlinie marcheerden.

Hier was veruit de beste plaats voor een monument ter nagedachtenis van de soldaten uit het Brits Imperium die in de Ieperboog sneuvelden.

De muren van de Meensepoort zijn bedekt met rijen panelen waarin de namen van vermisten zonder gekend graf, staan gebeiteld. Het is zeer indrukwekkend om onder de grote boog te staan... er schijnt geen einde te komen aan de namen. Engelse namen, namen uit Wales, Schotland en Ierland, uit Canada, Australië, Nieuwzeeland en het verafgelegen India

LINKSBOVEN: *Dag van de Wapenstilstand, 11 november, wanneer klaprooskransen gelegd worden ter herinnering aan de gesneuvelden.*

LINKS: *De leeuw bovenop de Meensepoort kijkt in de richting van de oude frontlijnen.*

BOVEN: *Een Chelsea gepensioneerde draagt het uniform van de vroegere oorlog.*

en Afrika. Langs de trappen naar de wallen worden nog meer panelen ontdekt. Toch was het monument te klein om alle namen te bevatten. De namen van 54.896 officieren en manschappen werden hier vermeld – en nog 34.957 namen van soldaten die sneuvelden tussen 16 augustus 1917 en het einde van de oorlog werden in de panelen van de Tyne Cot begraafplaats bij Passendale gebeiteld.

Dit is geen zwijgend monument, onopgemerkt tijdens het grootste deel van het jaar. Het staat aan één van de drukste wegen van de stad, een blijvende herinnering aan de opoffering van zovelen. Iedere dag klinkt de levende erkentelijkheid van de Ieperse bevolking en wordt om 8 uur 's avonds de Last Post geblazen door de klaroeners van de Last Post Association.

BOVEN: *Een oude soldaat draagt zijn uniform van de Eerste Wereldoorlog.*

RECHTSBOVEN: *Ze kwamen van verre landen om in de kou en modder van Vlaanderen te sterven.*

RECHTS: *Oud en jong, de bezoekers staan stil bij het luisteren naar de Last Post.*

Siegfried Sassoon schreef in een bitter sonnet:
'Wie zal hen herdenken bij het gaan door deze poort . . .
die onheldhaftige doden, voeder voor de kanonnen?'
Eén keer per dag krijgt hij zijn antwoord, iedere dag van 't jaar.

De wallen en grachten

BOVEN: *De Rijselsepoort domineert het vreedzame water van de Majoorgracht.*

RECHTS: *Rustig staan de bomen langs de oude gracht, maar de wallen zijn een blijvende erfenis van Vauban. Een presentatie in beeld en geluid over the geschiedenis van Ieper en haar vestingwallen is te zien in het Stedelijk Museum.*

Zo'n bloeiende middeleeuws stad had natuurlijk een goed verdediging nodig. De vroeger aarden wallen werden al spoedig vervangen door een stenen verdediging zoals gezien kan worden op de illustratie op pagina 2. Deze werd gebruikt als fundament voor verdere verbeteringen. In de 17de eeuw, tijdens het bewind van Lodewijk XIV, ondernam de Frans genieofficier, Maarschalk Vauban, uitgebreide werken. De omliggende grachten werden gevoed met water van de Ieperlee. De rivier zelf werd overwelfd en vloeit nog steeds onder de stad.

De wandeling langs de wallen van de Meensepoort naar het zuiden toe, loopt door een aangenaam park. Onder de beplantingen liggen de oude gewelven en kazematten, waar zich voor het uitbreken van de oorlog in 1914 een militaire bakkerij bevond. Ze vormden veilige schuilplaatsen tijdens de bombardementen van de Eerste Wereldoorlog en huisden een ziekenhuis, hoofdkwartier voor de seindiensten van het leger en zelfs een bioscoop.

Aan de zuidkant van de stad bevinden zich de Bourgondische wallen met daarin de Rijselsepoort die de weg naar Frankrijk aangeeft. In het oostelijk bolwerk werd het ontploffen van de grote mijnen die de start van de Derde Slag bij Ieper aankon-digden, voorbereid. De tegenoverliggende toren geeft toegang tot de sluis die de waterstand van de Ieperlee regelt zodat de Majoorgracht steeds van water voorzien is. Dichtbij de poort in westelijke richting, ligt één van de militaire kerkhoven die zich binnen de stadsmuren bevinden.

De wallen lopen verder ten westen van de Rijselsepoort en bieden een goed uitzicht op Vaubans bolwerk. De overzijde van de gracht volgt de zigzaglijnen van de verdedigingswerken, kleine halvemaanvormige eilandjes die een platform vormden voor artilleriestellingen om de vijand vanop verschillende plaatsen vanuit de binnenstad te kunnen aanvallen.

Het eiland aan het einde van de gracht werd reeds in 1640 als verdedigingspositie door de Spanjaarden aangelegd. Er staat nu een restaurant en er kunnen roeibootjes worden gehuurd.

BOVEN: *Het kenmerkend kruis van de Commonwealth War Graves Commission waakt over de begraafplaats aan de Rijselsepoort.*

LINKS: *Rustige paden en plaatsen om te vissen, te roeien of met vrienden te wandelen hebben het militaire doel van de grachten vervangen.*

BOVEN: *Vóór de Eerste Wereldoorlog was het houten huis een zeer bescheiden woning.*

RECHTSBOVEN: *Een afdeling van Talbot House bleef open in de Rijselsestraat 83, tot april 1918.*

RECHTSMIDDEN: *Het Vleeshuis, een handelshuis dat in 1275 langs de rivier gebouwd werd en in 1530 een nieuwe bovenverdieping kreeg.*

RECHTSONDER: *Het Stedelijk Museum.*

In de omgeving van de Rijselsepoort lag in de 19de eeuw het armste gedeelte van de stad. Veel van de oorspronke-lijke houten huizen van Ieper bleven hier bewaard. Na de verwoesting door de oorlog werd één van deze houten huizen heropgebouwd op de hoek van de Kanonweg en Rijselsestraat.

Om de hoek, in de Ieperleestraat, vindt men het Sint-Jansgodshuis, nu het Stedelijk Museum. Hier kunt u vele mooie tekeningen, schilderijen, etsen en memorabilia over de geschiedenis van de stad Ieper zien.

De Rijselsestraat is niet alleen een belangrijke verkeersweg maar ook een drukke winkelstraat met moderne en heropgebouwde oude gebouwen. De restauratie van de oude gebouwen is zo goed dat het soms moeilijk in te denken is dat de stad een puinhoop was in 1918. Sommige overblijfsels van de oorspron-kelijke gebouwen kunnen nog ontdekt worden. Onderaan de westtoren van de

int-Pieterskerk werden twee reliëfs met mythische dieren gevonden daterend uit de middeleeuwen.

Het huis op nummer 70 is een replica van één van de stenen huizen uit de 14de eeuw. Bijna recht tegenover staat het Merghelynckmuseum, het heropgebouwde herenhuis dateert uit 1774. De verzameling werd uit het huis verwijderd vóór het beschieten van de stad begon.

Het Belle-museum was vroeger een Godshuis. Deze inrichting voor de armen werd op het einde van de 13de eeuw gebouwd en in de 16de en 17de eeuw uitgebreid en herbouwd. De tentoonstelling omvat schilderijen en liturgische gewaden uit de 17de eeuw, beeldhouwwerken, stadszegels en meubilair.

Tegenover de westkant van de Lakenhalle, op de hoek van de Boomgaardstraat, staat het Vleeshuis. De efficiënte soberheid, niet zonder schoonheid, vertelt iets over het zakelijk inzicht van de handelslui van die tijd. Het gebouw was strategisch langs de oever van de Ieperlee gelegen.

Het is moeilijk om zich Ieper als haven voor te stellen, maar watervervoer was van uiterst belang in een middeleeuwse stad. Er heerste een drukte van schepen langs de kathedraal en de veemarkt,

maar met het economisch verval was het belang van de rivier uitgespeeld en in 1564 begon men aan de overwelving.

Ten westen, evenwijdig met de Boomgaardstraat, was de vismarkt. Boven de Vispoort in de Boterstraat ziet men een bas-reliëf met de zeegod Neptunus in een wagen, bespannen met zeepaarden. Verderop de vismarkt zien we het tolhuisje en ook nog twee verkoopsstanden.

BOVEN: *Het Merghelynck Museum. De liefdevolle restauratie van het gebouw in Franse stijl, dat een aangenaam kontrast biedt met de omliggende huizen in Vlaamse stijl, geeft een duidelijk beeld van de levensstijl van het 18de eeuwse herenvolk.*

LINKS: *Links aan de zuidkant van de Oude Vismarkt staat het Tolhuisje.*

De Grote Markt

RECHTS: *De Grote Markt, één van de mooiste markt-pleinen in Europa. De noordkant wordt door het Kasselrij-gebouw beheerst, het oude Stadhuis.*

BOVEN: *Een medaillon dat de wellust afbeeldt, één van de zeven doodzonden op de gevel van het Kasselrijgebouw.*

ONDER: *Een lichte verfrissing terwijl plannen gemaakt worden.*

RECHTSONDER: *De zaterdagmarkt, opgevrolijkt met bloemen.*

D e Grote Markt is nog steeds zoals bijna achthonderd jaa geleden, het centrum van d stad. Aan de oostzijde staa het Gerechtshof en aan de noordkan staat het oude Stadhuis, het Kasselri jgebouw met de vele dakkapellen en d gevel waarin de zeven hoofdzonden af gebeeld staan. De markt is goed voorzie van aangename cafés waar een lekke glas bier, een smakelijke koffie of een uit stekende maaltijd verbruikt kan worden

Iedere zaterdag is de Grote Markt ' morgensvroeg nog steeds het toneel va grote activiteit wanneer de marktkramer hun bonte waren uitspreiden. Spoedi; begint het luide aanprijzen van hun goe deren: kaas en fruit, brood en vlees, klerer bloemen, huisraad. Een gezellige drukt woelt langs de kramen. Honderden jare geleden werd hier al markt gehouden e het vraagt niet veel verbeelding om zic in een andere tijdspanne in te leven.